A Ponte e o Muro

ALA MITCHELL E ALINE VENÂNCIO

ILUSTRAÇÕES RAFAEL SANCHES

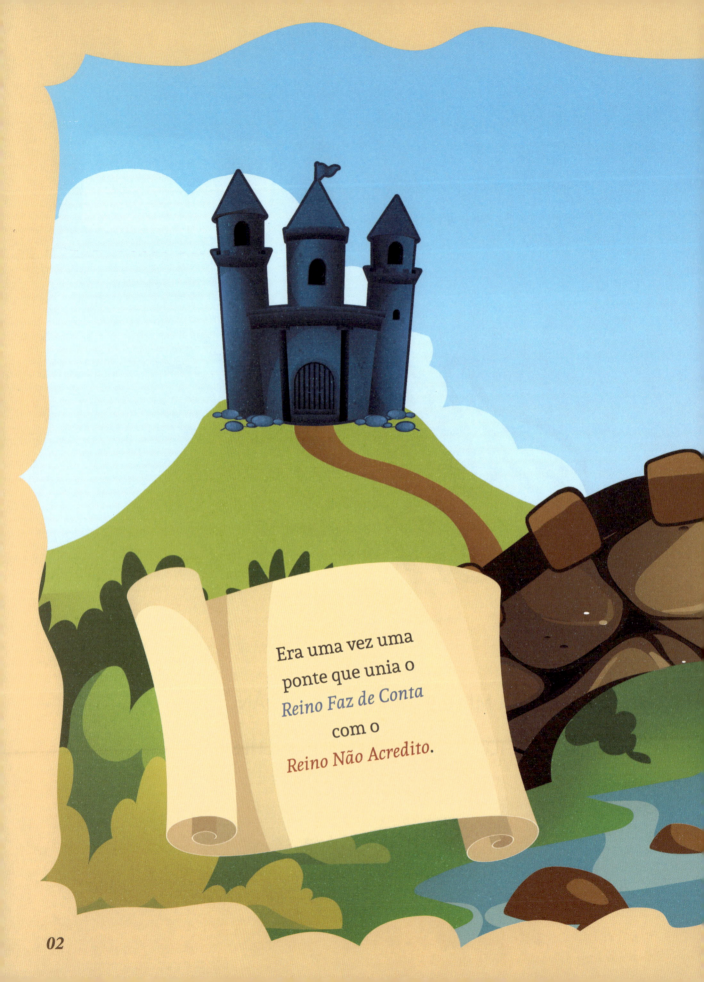

Ele acreditava que a imaginação distraía as pessoas, e elas se esqueciam das coisas reais e mais importantes.

Já os súditos do *Reino Faz de Conta* ficaram muito tristes. Mas respeitaram essa decisão, afinal, ela tinha vindo do Rei.

O tempo foi passando, e o *Reino Faz de Conta* foi criando várias coisas novas. Cada vez que as pessoas usavam a criatividade, o reino ficava ainda mais bonito e encantador.

Já no *Reino Não Acredito*... Toda vez que alguém sugeria algo novo, o Rei rejeitava, e os súditos começaram a perder o ânimo.

Por sua vez, sempre que o Rei tinha uma ideia nova, o povo também não se importava.

O tempo foi passando e passando, e as pessoas do reino foram ficando cada vez mais acomodadas e desanimadas. Por fim, decidiram deixar tudo como estava.

Até o pobre muro, que nunca era reformado, passou a ficar mais e mais desgastado. Seus tijolos começaram a cair e em sua estrutura surgiram mais buracos.

Em uma noite de lua minguante, alguns súditos encontraram fendas no muro, e por elas dava pra ver as luzes do reino vizinho. Os mais curiosos resolveram atravessar para o outro lado.

Ao chegarem lá, encontraram os súditos do mundo da imaginação cantando e dançando alegremente, com tantas coisas bonitas enfeitando o lugar.

Observaram tudinho: os prédios, as lindas árvores, os jardins coloridos. Viram que havia flores que não existiam no reino deles e descobriram frutinhas de todos os sabores.

Ao final, ganharam muitos presentes de seus vizinhos. Levaram flores e frutas para seu reino, e resolveram plantá-las.

No outro dia, os súditos do *Reino Não Acredito* levaram um susto enorme! Quantas flores e sementes haviam germinado! Eles ficaram felizes pela quantidade de coisas que tinham brotado.

Então, empolgados, os súditos chamaram o Rei para experimentar as frutinhas de todos os sabores, e, após ele provar todas aquelas delícias, perguntou: — De onde vêm todas essas coisas maravilhosas? E os súditos responderam: — Vieram do *Mundo Faz de Conta*, onde a imaginação não tem muros nem barreiras.

A partir desse dia, o *Rei de Não Acredito* derrubou o velho muro e reconstruiu a ponte que ligava seu reino às terras da imaginação. Além disso, criou um novo decreto, substituindo o Não do nome de seu reino. Daquele dia em diante, ele se chamaria Reino Eu Acredito.

Instituto Beneficente Boa Nova
Entidade coligada à Sociedade Espírita Boa Nova
Av. Porto Ferreira, 1.031 | Parque Iracema
Catanduva/SP | CEP 15809-020
www.boanova.net | boanova@boanova.net
Fone: (17) 3531-4444